Musa 61

Rodolfo Romero Reyes (La Habana, 1987). Periodista, investigador y profesor titular de la Universidad de La Habana. Doctor en Ciencias de la Comunicación y Máster en Desarrollo Social. Educomunicador popular. Fundador e integrante del proyecto Escaramujo. Tiene títulos publicados con las editoriales Abril, Capitán San Luis y Ocean Sur. Este es su primer libro en versos.

En el mundo de la literatura se inició como narrador; graduándose del XV Curso de Técnicas Narrativas del Centro de Formación Literaria Onelio Jorge Cardoso (2013). Cursó los talleres de repentismo «A improvisar se aprende improvisando» (2023) e «Impro-versar décimas con el método Pimienta» (2024), ambos bajo la tutela de Alexis Díaz-Pimienta.

Musa 61

Rodolfo Romero Reyes

Pimienta Ediciones

Colección:
Decimarios

Prólogo:
Alexis Díaz-Pimienta

Edición:
Alexis Díaz-Pimienta
Lisset Argüelles Montesinos

Corrección:
Roly Ávalos Díaz

Diseño y composición:
Yuset Sama Leal

Ilustraciones:
Daniela Parera Monzote

Derechos de Autor (Copyright):
© Rodolfo Romero Reyes, 2024
© Sobre la presente edición: Pimienta Ediciones, 2024

ISBN: 978-84-948010-4-4

Depósito Legal: AL 3202-2024

Primera edición:
Octubre, 2024

PIMIENTA EDICIONES
Plaza de la Constitución, 18. Edificio San José. Planta 1
04740 - Roquetas de Mar, Almería – España
https://pimientaediciones.com/
info@pimientaediciones.com

*Todos mis escritos deben resentir la rara volubilidad de mi suerte.
La nueva generación gozará de días más serenos, y los que en ella
se consagren a las musas, deben ser mucho más dichosos.*

José María Heredia

Prólogo

Rodolfo Romero Reyes se sabe periodista, se dice periodista (muy bueno, además: me consta), pero no nos dejemos engañar. Tras leer *Musa 61*, Rodolfo deberá asumirse y decirse poeta, o más exactamente, poeta decimista, aceptando de una vez sus múltiples voces, tan poliédrico él como muchos de nosotros. (También Gabo defendió hasta la saciedad que era un periodista que escribía novelas).

Musa 61 se inscribe en la rica tradición de la poesía escrita en décimas en Cuba, esa que comienza con El Cucalambé en el siglo XIX y se extiende a grandes voces como Agustín Acosta, Francisco Riverón, Jesús Orta Ruiz y Adolfo Martí Fuentes, en el siglo XX, hasta llegar al renovador movimiento del neodecimismo cubano de las últimas tres décadas (Premio Cucalambé mediante). Las décimas de Romero destacan no solo por su carácter ficcional y cuasi narrativo, sino por su fina «dramatización» escritural, no tan común en el género.

El amor (ese tema eterno) y el erotismo (tan delicado que erotiza) se presentan aquí desde una voz muy personal, ofreciendo hallazgos y propuestas novedosas. Asombran y emocionan a la vez su registro filocinematográfico y filofotográfico (fotogramas más que décimas: epigramas visualizables), así como el dinamismo de sus estrofas dialogadas e interrogativas (una figura retórica tan cara a la escritura como esquiva a la oralidad, dicho sea de paso).

Son múltiples voces las que se funden en una sola voz, logrando un «monólogo dialogado» que respeta las estrictas normas de la estrofa clásica y que anclan los ojos del lector en el papel todo el tiempo. *Musa 61* es una obra que demuestra que incluso en tiempos de confinamiento, la creatividad y la poesía encuentran nuevos caminos, alternativas de supervivencia.

¿Pandemia? ¿Alarma? ¿Confinamiento? ¿Crisis? ¿Claustrofobia? El poeta Rodolfo Romero Reyes (no el periodista) «se consagra a sus musas» y escribe un diario poético que se convierte en su tabla de salvación, hasta que, como en todos los buenos *cliffhangers* de las buenas series, irrumpe la musa número 61, la última y más significativa. Así nace este decimario, un libro destacable por su carácter ficcional y narrativo (sin perder el lirismo, al contrario: equilibrando ambos registros).

Musa 61 reafirma la capacidad de la poesía para trascender los límites de cualquier crisis y Rodolfo reafirma la buena salud de la décima cubana escrita, más allá del repentismo y de la música (aunque esta esté implícita en las varias referencias a Sabina, Pablo, Silvio, Fabré, Buena Fe y hasta el reguetón «repartero»). Décimas para leer, crónica íntima, diario dulcemente apócrifo. Disfrútenlo. ¡Bienvenido (una vez más) el maridaje de periodismo y décima!

Alexis Díaz-Pimienta
7 de julio de 2024

*M*arzo de 2020. Una pandemia azota al planeta. Las autoridades decretan fase de alarma e imponen el confinamiento. El joven y claustrofóbico poeta encuentra una salida: cada día, durante los dos meses exactos que dura su cuarentena, se inventa una historia, siempre con una mujer distinta. No importa si son actrices de cine, personajes de cuentos literarios o puros engendros de su caótica imaginación. Se consagra a sus musas. Una historia a la vez, en diez versos octosílabos; solo así sobrevive. Este es su diario, mejor dicho, su tabla de salvación, hasta que irrumpe la última, la número 61.

1

Poeta y loco: novela.
Loco y poeta: pasión.
Perdonable es la traición
cuando adolece la escuela.
Literaria es la secuela.
¿Qué más queda por vivir?
Todo. Se vuelve a sentir,
cada abrazo, cada beso,
cada humedad. Tal suceso
se revive al escribir.

2

Nos faltó tiempo, semanas.
Nos faltó la madurez.
No faltó, más de una vez,
canalizar nuestras ganas.
Más *jueves* y más mañanas.
Reírnos hasta el infarto.
Y esta ilusión que comparto
te la sintetizo ahora:
nos faltó solo una hora,
juntos los dos, en un cuarto.

3

El guerrero literario
enterró firme su espada:
su pelea trasnochada
y su andar más solitario.
Ese hecho extraordinario
a la gente estremecía.
Semejante epifanía
no preocupaba al autor,
pues allí, en su interior,
la amazona sonreía.

4

¿Y aquellas primeras veces
de romance, de canciones,
de flirteos, tentaciones,
de mis dedos...? Te estremeces
recordando aquellos meses
de adolescente fervor.
Todo era fuego, calor,
uniformes desvestidos,
intercambios de fluidos
y las promesas de amor.

5

La Barbi Superestar,
así la nombró Sabina,
aun sin ver en la piscina
su atuendo para nadar…
La Barbi Superestar
te quema con su calor.
Me enloquece su sabor,
la voy a rebautizar:
¡Qué Barbi Superestar,
rubia porno, así es mejor!

6

—¿Es tortica o polvorón?

—Se le dice mantecado.

—¿Y a ese cursi enamorado?

—Un tipo romanticón.

—¿Y a quién le pido perdón?

—Tal vez a su santidad.

—¿Es muy bella tu ciudad?

Casi tecleo un suspiro.

—Y esa seña, que ahora miro,

¿es de amor o de amistad?

7

Amigable en la mañana,
y en la tarde, más nerviosa.
Tu voz tenue, temblorosa.
En rutina —loca, insana—
transcurre el fin de semana.
En la noche sopla el frío.
Arropo tu escalofrío.
Te acaricio a mi manera.
Tu sexo se vuelve hoguera;
quiero hacerlo solo mío.

8

Mi aire fue tu ciudad.
Buscaba. *¿Soy lo que ves?*
Y así me fui *tras tus pies*
burlando a *mi soledad.*
Me enamoré; es la verdad.
Te enamoraste un momento.
Por eso es que yo no siento
que chuchumeco haya sido.
Fue intenso, real, sentido,
incendiario, len-to, len-to.

9

No sabíamos qué hacer,
pero con gusto lo hicimos,
incluso lo repetimos
hasta ya más no poder.
Leías a Carpentier
y yo al Gabo releía;
un poema te escribía
sin preocuparme el futuro
y tú calmabas mi apuro
con literaria manía.

10

Acusado de insistente,
de bucólico idealista,
de filósofo, de artista,
de muchacho inteligente.
Ella no ve lo inminente
de la pastoril tortura.
Polisémica locura.
Y sin saber qué la nombra;
elige solo su sombra
loca, como única cura.

11

El Malecón es testigo
de cómo él se precipita.
No solo es primera cita;
él ni siquiera es amigo.
Ella le impone un castigo:
le dice No y él va preso
de decepción. No por eso
desiste en impresionarla.
Y en tres horas más de charla
la seduce, le da un beso.

12

El pasillo interminable
que guardó nuestro secreto
—como amigo fiel, discreto—
presiente lo inevitable.
El adiós inapelable
de mis ojos roba el brillo.
Extrañaré tu estribillo,
las cartas intercambiadas,
las posdatas postergadas,
tu suspiro en el pasillo.

13

Un amor de campamento
no llega a la clarinada.
No se piensa en «la jugada»,
no se analiza el momento.
No hay esquemas ni tormento;
se improvisa el escenario.
Un momento extraordinario
en montañas de colchones,
se echa mano a los condones
y el placer es incendiario.

14

«A ese lugar donde fuiste
feliz, no debes volver».
No lo logro comprender,
más que refrán es un chiste.
Si a ese espacio ya volviste
una y otra y otra vez
no importa cuán lejos es,
vuelve un día, amigo mío;
llégate a Pinar del Río,
a su casa en San Andrés.

15

Con las luces apagadas
para no ser sorprendidos,
el mínimo de sonidos,
las manos bien agarradas.
Después otras madrugadas,
te vieron cómo subías,
cómo ibas, cómo venías,
explotabas en pedazos
y al despertar, dos abrazos,
un beso y un: «¡Buenos días!».

Para un color: el morado.
Para virtud: tu inocencia.
Cualidad: tu transparencia.
Y… *¿dónde pongo lo hallado?*
Para soñar: el pasado.
Para volar: tu mirada.
Y no importa tu escapada
o que otro cuerpo te abrigue.
A mi verso lo persigue
tu voz siempre empoderada.

17

Se desplaza la cortina,
se abre súbita la ducha,
el agua cubre la lucha
de dos cuerpos. No termina
la tensión. Ella se empina;
lluvia en campo de azulejos;
en la pared los reflejos
de las manos que se agarran,
de las piernas que se embarran;
algo se pierde a lo lejos.

18

Fiesta. Licra. Luna. El mar.
Un cigarrillo en la boca.
Desnuda lo descoloca
y lo convida a exclamar:
«¡Vaya forma de templar!».
Se produce la estampida.
Cae al fin ella rendida.
Él también cede, agotado,
y todavía excitado
disfruta verla dormida.

19

Tú, religión; yo, profeta.
Tú, madura; yo, inmaduro.
Tú, tan suave; yo, tan duro.
Tú, la musa; yo, el poeta.
Tú, medicina y receta;
yo, creyendo ser doctor.
Tú, al frío; yo, al calor,
Tú, al seguro, y yo «inflando»,
Tú gimiendo, yo cantando.
De los dos, tú la mejor.

20

Muchacha alertó a Poeta:
«Soy novata en este arte,
solo déjame abrazarte».
Así nació una cuarteta.
Un soneto fue la meta,
no hubo versos para más.
Ella se escapó fugaz
cuando el sol se fue poniendo.
Poeta siguió escribiendo.
No se olvidaron. Jamás.

21

Un cigarro (no el primero).
Desde el pre viene el cigarro.
— ¡Ay, Dios mío, si lo agarro!
— Me muero, Tina, me muero.
Sobre césped, cama, acero,
está el cigarro encendido.
Un brasero compartido
entre dos, ¡qué experimento!
No hay traición; cada momento
es un sueño repetido.

Nunca lo confesarás:
mis besos sobre tu piel.
Pecado es sentirse infiel.
De ese «nosotros» jamás
a nadie le contarás;
porque así lo has decidido,
pero «soy lo prohibido»;
la canción deja escuchar
las olas de un ancho mar
que ahora sigue embravecido.

23

Su madurez imponía
un trato serio, distante,
pero al muchacho galante
a veces le sonreía.
Esa noche se hizo día
en larga conversación.
Besarlo fue única opción
ante su dulce insistencia,
fue premiada la paciencia
y Sabina fue canción.

24

No es la amiga más cercana,
pero sí concupiscente.
Y Sabina, que no miente,
viene y da justo en la diana.
Él la cama a ella le gana,
ella le pone traspiés.
No existe la sensatez,
ella va al sofá, en revancha.
Y les dan, en tal cumbancha,
la una, las dos y las tres.

El ébano es algo puro
—o así dicen los poetas—.
Yo no sé si habrá recetas
para un ébano tan duro.
Me sumerjo sin apuro
ante su provocación.
La lengua es prolongación
de su boca seductora.
Y mi verso se demora
mientras fluye su canción.

26

El «chico del contrabando»
— o «amante por cuenta propia» —
para salir de la inopia
se la pasaba «inventando».
Y así fueron estrechando
lazos, y su voz latina
la envolvió cual serpentina,
le lanzó tierno aderezo,
todo empezó con un beso
y un revolcón en la esquina.

Su figura celestial
te lleva a seguirla; luego,
si te enredas en su juego
no te auguro buen final.
Su ciudad patrimonial
te abre, lúcida, las puertas,
y aunque las veas abiertas,
piénsatelo antes de entrar.
Es muy sensible al amar,
sus heridas van cubiertas.

28

Solo se cruzan sus dedos,
las dos manos se declaran,
cuatro paredes amparan
el deseo. Fuera miedos.
Hablan de sueños, de credos,
de su suerte. Y ella suda.
Se desviste. No lo duda:
le ofrece sus fantasías,
sus secretos, sus manías,
y lo cabalga, desnuda.

Ella a él lo quería.
La otra a ella deseaba.
Él a ella la buscaba.
La otra se interponía.
Ella a la otra seguía,
perversa. Aquel primer beso
entre él y ella; tropiezo
entre otra y él: ¡¿qué cosas?!;
la otra y ella, mariposas,
y él, un niño travieso.

MUSA 61

30

Se oye música en inglés,
la madrugada es intensa.
La habitación se hace inmensa
para que quepan los tres.
Anda descalza, sus pies
se escurren bajo la almohada.
Vuela ahora ilusionada,
se posa sobre la flor
y él se suma a ese calor.
La flor se siente arropada.

31

Allí donde en plena sierra
crece y nace la montaña;
donde el arroyo se entraña
con el mar; donde la tierra
huele a lluvia, y algo encierra
magia que ha de florecer.
Allí, donde al parecer
solo la luna es testigo.
Allí fui con un amigo.
Allí amé a una mujer.

32

Lanza una botella al mar
con un mensaje cifrado,
la mujer ha naufragado
aun sabiendo navegar.
No fue cuestión del azar,
pues así lo concibió.
¿El mensaje que escribió?
"No me busquen, no, jamás".
A esa isla fue detrás
de su Robinson. Cruzó.

33

Él ya no se cree estudiante,
ella tampoco maestra.
No existe zurda ni diestra,
solo un círculo gigante.
El diálogo en un instante
logra un tono singular.
Cada noche es para amar,
no hay dueños, no hay jerarquía,
solo el placer posponía
el arte de trasnochar.

34

Entre trago y borrachera,
camina el joven soldado.
Una mujer a su lado
promete ser compañera.
Una blusa marinera;
combina su bolso añil.
Él es torpe, es infantil,
con la peligrosa dama.
Despierta solo en la cama,
engañado y sin fusil.

Amor revolucionario:
un concepto ¿decadente?
Hay un lustro allí latente
en las puertas de tu armario.
Se ha desfasado tu horario,
con lentitud, con demora.
Mientras, tu alma devora
sus diarios, último abrigo.
¿Cuántos llevas hoy contigo?
Al rojo léelo ahora.

¿Verdad? ¿Te atreves? Verdad.
El pasado. Indagaciones.
¿Verdad…? Oscuros rincones.
Secretos. Complicidad.
Imán de sensualidad.
¿Verdad? ¿Te atreves? Me muevo
y la busco. Juego nuevo.
¿Hasta dónde llegará?
¿Al final, quién ganará?
¿Verdad? ¿Te atreves? Me atrevo.

La princesa extraordinaria
no cree en cuentos de aventuras
y se inventa travesuras
en su mansión solitaria.
Abre la hendija, incendiaria,
y lo invita al desatino.
Le muestra el corto camino
que conduce a su morada.
Y la puerta, clausurada,
cambia pronto de destino.

38

Sus palabras inocentes
disimulan la guerrera
que ha encontrado la manera
de atravesar continentes.
Sus cicatrices, latentes,
nunca saltan a la vista.
Permite que la desvista
y se somete a mis mañas,
pero ese pasamontañas
la delata feminista.

39

Libros mojados. Pretextos.
Estrategia literaria.
Chiquitica temeraria
en disímiles contextos.
Devoradora de textos,
de canciones de Sabina.
Su poética rutina
conquistaba a veteranos;
juego de pequeñas manos;
era incógnita su esquina.

40

Complicaba mi existencia
el juego que proponía.
Estiraba o recogía
el hilo a su conveniencia.
Me miraba con vehemencia,
protegida en armaduras.
Se inventó mil ataduras,
sin embargo, y de repente,
esquizofrénicamente
por amor hizo locuras.

41

Afuera, en los carnavales,
canta Cándido Fabré.
Adentro, en el fuego de
tantos placeres carnales
dos cuerpos nada sensuales
se enroscan cual serpentinas.
Las siluetas clandestinas
se ahogan en el tropel;
y en el cuarto del motel
se estremecen las cortinas.

42

Sol experiencia tenía
y en las mañanas brillaba.
Luna ni muerta callaba
e impresionarlo quería.
La distancia que existía
se empezó a empequeñecer.
Y los sedujo el placer,
y fue tal el descontrol
que Luna entonces fue Sol
y salió al amanecer.

43

«¡A'e María, qué riquera!».
«En el parque ella se viene».
«Oye, quimba pa que suene».
La fiesta es bien repartera.
Pero él busca la manera
de robarle la atención:
le dibuja un corazón
—por papel, la servilleta—
y rellena la silueta
con letras de reguetón.

44

Desperté. Costas. Manglar.
Noche mística embrujada.
Oh, mujer empoderada,
que no dejas de soñar.
Todavía el paladar
invoca tu carne cruda.
Freire, Bourdieu y Neruda.
Poderoso sortilegio.
Invaluable privilegio
fue sentirte en mí, desnuda.

45

Él la buscó en el Moncada
—¿el cuartel o el Guillermón?—,
y se asomó a su balcón,
y desanduvo Enramada.
¿En el Tívoli? No hay nada.
Ubica el mapa al revés.
En Cayo Granma una vez
corrió detrás de su musa,
y vio una imagen difusa
sentada en la Posta Tres.

46

Bendita diva carioca
de cuerpo tonificado,
al poeta trasnochado
su escaso atuendo provoca.
Arranca su pelo, loca
se vuelve y ya no es sutil.
Sus senos son dulce atril;
su lengua, porosa, jade;
y él despierta con *saudade*
de un carnaval en Brasil.

47

Sean cuarenta o sesenta,
con números no seduces,
se te nota a todas luces,
mejor no saques la cuenta.
Tanto sumar te atormenta
odias tanta geometría.
No busques la poesía
en esa regla de tres
pues hoy me tiene a tus pies
tu loca Psicología.

48

No era Yolanda, señores,
les confieso de antemano,
pero sus manos, su mano,
fue un motor de sensaciones.
Secretos y confesiones,
rutinas malhumoradas,
silenciosas escapadas
hicieron de su presencia
el antídoto a la ausencia
de otras musas desterradas.

49

Caricias insuficientes
y las citas postergadas
devinieron madrugadas
de pasiones congruentes.
Amistad y amor, dos puentes
que atajan la lejanía.
Una metodología
no hay para dimensionar,
a esta musa singular
que «aprincesarse» sabía.

50

Y salió a cazar un día,
en cueros salió a cazar,
y Eva llegó a emigrar
en busca de la utopía.
Eva no pudo ser mía,
ni de nadie nunca fue.
En ese cuerpo café
no requerí más espejos
y entre múltiples reflejos
del machismo deserté.

51

Nadie llegó tan adentro
de su cuerpo, de su alma.
Ella fue viento sin calma,
del terremoto, epicentro.
La recuerdo. Me concentro,
viene a mí su sencillez,
y el mensaje que después
en mi chat quedó archivado:
«Hoy te extraño demasiado;
hazme el amor otra vez».

52

Se forjaba en los valores
de la patria y la nación.
Militar por vocación
y graduada con honores.
Pero en lógicas de amores
era activa ciudadana.
Se enamoró una mañana
y todo quedó en suspenso.
Y en la tarde del ascenso
renunció la capitana.

53

Nuestra amiga, justo al lado,
por suerte no despertó
cuando tu mano guio
a quien debió ser guiado.
Mi llave abrió tu candado,
imaginando la orgía.
Y mientras te complacía,
noté que allí, a mi derecha,
en la otra cama maltrecha,
una mano se movía.

54

Tradicional vestimenta
cubre tu cuerpo ancestral,
y de forma natural
tu cultura se reinventa.
Tu dignidad no está en venta,
tus hijos no tendrán dueños,
tus desvelos, tus empeños,
darán sus frutos mañana,
voz latinoamericana
que ofrece su atrapasueños.

55

Cincuenta sombras... ¿de qué?
¿De tu saliva, tus piernas?
¿Mis ganas que son eternas?
¿Las nalgas que atrincheré?
En mis recuerdos guardé
la frase que pronunciaste
la noche que me colaste
escondido allá en tu casa:
— ¡Estás loco! Dale, pasa.
Y en tu colchón me arropaste.

56

Convertimos la salida
en secuestro predecible,
con un final previsible.
No hizo falta una comida,
entre dulces y bebida
una hora transcurrió.
La madrugada sació
las mil y una pendientes.
A nuestros cuerpos ardientes
aquella noche bastó.

La fiesta: aquel laberinto.
Ella, centro de miradas
con sus garras afiladas,
de Minotauro su instinto.
En el inmenso recinto
se propagaba el deseo.
Mas solo habrá un Prometeo
que su fuego calmará
y que en breve le dirá:
—Querida, yo soy Teseo.

58

Solo bastó un leve roce
de sus almas infantiles.
Travesuras muy sutiles
en el B-612.
Cada noche fue de un goce
difícil de superar.
—¿Hoy volvemos a «jugar»? —
le insistía el Principito.
—Está bien, solo un poquito,
que me puedo enamorar.

59

De adolescente violenta
a chica despampanante.
De potencial emigrante
a muchacha soñolienta.
De amante pasiva y lenta
a rudeza, al sexo duro.
De imaginarse un futuro
a lucharse su presente.
Y de un latido ausente
hacia un amor inseguro.

Trepé azoteas, crucé
un pasillo bajo el agua,
o rodando en una guagua
al tocarme ella exploté.
Otras tres fui yo el que… ¿qué?
Mejor no sigo inventando.
Creo me está afectando.
Esta triste cuarentena,
cual Carilda, desordena
y me tiene delirando.

61

Termina el confinamiento,
la última musa se asoma,
mi espíritu libre doma
su sensualidad. No miento,
si afirmo que el sentimiento
trastoca el dulce ideal
de Sherlock. Mujer fatal,
celosa por vocación,
saboteó mi inspiración
y puso el punto final.